Titres de Vidal

35

TITRES SCIENTIFIQUES

DU

Dr VIDAL (DE CASSIS),

PROFESSEUR AGRÉGÉ A LA FACULTÉ DE MÉDECINE DE PARIS, CHIRURGIEN DE L'HÔPITAL DU MIDI.

TRAITÉ DE PATHOLOGIE EXTERNE ET DE MÉDECINE OPÉRATOIRE.

Du Diagnostic différentiel des diverses espèces d'angines.
Des Vices de conformation de l'urèthre.
Des Indications et contre-indications en médecine opératoire.
Du Cancer du rectum et des opérations qu'il peut réclamer.
OEdème de la glotte.
Opérations en plusieurs temps, en général.
Extraction des corps étrangers de l'oreille.
Ligature de la langue.
Luxation de la première phalange du pouce.
Oblitération de l'orifice du vagin pour le traitement de la fistule vésico-vaginale.
Taille en plusieurs temps.
Taille quadrilatérale.
Débridement multiple appliqué à l'opération de la hernie étranglée.
Emploi du tire-fond dans les résections des os.
Cure radicale du varicocèle par l'enroulement des veines du cordon spermatique.

1844

IMPRIMÉ CHEZ PAUL RENOUARD,
rue Garancière, n. 5.

TITRES SCIENTIFIQUES

DU

DR VIDAL (DE CASSIS).

§ 1. *Traité de pathologie externe et de médecine opératoire*, 5 volumes in-8°.

La principale division de ce livre est basée sur l'anatomie. L'idée d'une *chirurgie anatomique*, c'est-à-dire d'un système de chirurgie avec une base complétement anatomique, cette idée peut surtout être revendiquée par les anatomistes et les chirurgiens de Paris. C'est dans mon ouvrage, qu'elle a reçu, pour la première fois, une application complète. On y trouve, en effet, la chirurgie des organes et des régions, déjà si bien faite par Boyer, et la chirurgie des tissus dont l'ensemble logique ne se trouvait dans aucun livre. Le *Traité de pathologie externe et de médecine opératoire* commence par des *prolégomènes* dont la première partie contient des principes généraux sur le diagnostic chirurgical (1).

On trouve aussi, après les chapitres les plus importans de ce livre, des tableaux représentant le résumé du diagnostic

(1) Du Diagnostic dans les maladies chirurgicales, thèse de concours par M. A. Bérard. J'ai mis ce travail à profit dans la première partie de ces prolégomènes. (Cette note est extraite textuellement de mon premier volume, imprimé en 1839.)

différentiel de certains groupes importans de maladies. Ces tableaux ont été jugés très favorablement.

§ 2. *Du Diagnostic différentiel des diverses angines.*

§ 3. *Des Vices de conformation de l'urèthre.*

§ 4 *Des Indications et contre-indications en médecine opératoire.*

§ 5. *Du Cancer du rectum et des opérations qu'il peut réclamer.*

Ici pourraient être placée la liste des articles nombreux que j'ai publiés dans les journaux de médecine. Voici la série d'idées et de faits qui ont un caractère progressif.

§ 6. *OEdème de la glotte.*

A peine arrivé à Paris, je suivis les leçons de M. Cayol, alors professeur de clinique médicale à l'hôpital de la Charité (1). Le premier malade soumis à mon observation mourut avec tous les symptômes de l'œdème de la glotte. A l'autopsie, on constata la présence d'une certaine quantité de pus dans l'épaisseur des replis qu'on appelle ligamens arythéno-épiglottiques ; il y en avait sous l'épiglotte derrière la membrane thyro-hyoïdienne. Une partie de ce pus s'était fait jour dans le larynx et avait étouffé le malade. Frappé de ce fait et d'un autre qui avait été observé par l'infortuné et bien regrettable Hourmann (2), j'adoptai l'opinion qui veut que l'œdème de la glotte dépende d'une inflammation du tissu cellulaire sous-

(1) C'était en 1826. J'avais été interne pendant quatre ans à l'Hôtel-Dieu de Marseille.

(2) Ce fait est inséré dans l'ancienne Clinique des hôpitaux.

muqueux, surtout de celui qui est à la base de l'épiglotte. Cette inflammation est, selon moi, avec étranglement, et, comme dans le panaris, il y a œdème des parties environnantes. Je conçus alors l'idée d'une opération que je démontrai dans les amphithéâtres de la Charité. Elle consiste : 1° à diviser transversalement la membrane thyro-hyoïdienne, en rasant le bord inférieur de l'os hyoïde ; 2° à s'arrêter après la section de la membrane fibrineuse ; 3° alors, avec la pointe d'une sonde cannelée, on écarte les mailles du tissu cellulaire qui sépare la membrane fibrineuse de la muqueuse, afin de donner issue au pus ; 4° si celui-ci n'existait pas ou n'était pas encore formé, l'incision servirait de débridement et de saignée locale, ce qui pourrait très bien empêcher la suffocation. Jusque-là la plaie n'est pas pénétrante, elle est parfaitement simple ; 5° si les accidens persistent, on peut rendre la plaie pénétrante, pour agir directement sur les tissus œdémateux en les comprimant ou en les carifiant.

On peut aussi, par ce procédé, extraire les corps étrangers engagés entre les lèvres de la glotte, ou retenus dans les ventricules du larynx. Mais j'avoue que je n'avais pas songé d'abord à cet avantage de mon procédé. Je ne l'avais imaginé que pour le traitement de l'œdème de la glotte.

§ 7. *Opérations en plusieurs temps, en général.*

J'ai voulu combattre *l'unité de temps* comme principe absolu en médecine opératoire. Au lieu de tout terminer en une séance, il y a quelquefois avantage à ajourner un ou plusieurs temps de l'opération. Voici l'exposition abrégée des idées qui doivent recevoir un entier développement dans une lecture académique :

Les opérations *en plusieurs temps* ont l'avantage de ne pas surprendre l'organisme. Par le premier temps, qui est le moins dangereux, on tâte, pour ainsi dire, le terrain. Si on reconnaît, au caractère que prend la plaie, que la nature est en mauvaise disposition, on ajourne l'opération jusqu'à ce qu'elle soit modifiée de manière à permettre le complément ou le dernier temps de l'opération. Le premier temps appelle vers le lieu de l'opération la réaction nécessaire à son succès. D'ailleurs, il y a quelquefois danger à enlever soudainement, tout d'un coup, une maladie qui existe depuis très long-temps. Voyez ce qui arrive, quelquefois, après l'ablation d'une grosse tumeur: On observe un prolapsus général duquel le malade ne peut se relever ; l'organisme semble avoir perdu son contre-poids ; il n'a plus cette espèce de lest dont la soustraction brusque le fait échouer.

Rien de plus brillant, sans doute, que de *tailler à la minute*, comme l'a dit Ledran ; rien de plus admirable que de soustraire, en un clin-d'œil, une maladie qui existe depuis nombre d'années : le bistouri et le couteau ont, pour cela, un avantage incontestable sur les autres moyens. Mais qui sait si des compressions bien combinées, si l'action des caustiques bien dirigée et lentement progressive, ne pourraient pas amener des résultats plus utiles, quoique moins brillans et moins prompts?... En agissant ainsi, ne se rapprocherait-on pas davantage des procédés de la nature qui sont lents et sans secousses. La nature, avant de diviser les tissus, opère des réunions ; elle se livre, au préalable, à un travail d'organisation : ainsi, autour des solutions de continuité qu'elle va opérer, naissent des adhérences, ou bien les tissus s'épaississent. C'est la synthèse qui a précédé la diérèse. Dans nos opérations ordinaires, on ne trouve rien qui ressemble à cela; et cependant nos procédés, pour être efficaces, pour réussir, devraient se rapprocher le plus possible de ceux de la nature.

Je reviendrai sur ces principes pour les appliquer à l'opération de la *taille*.

§ 8. *Extraction des corps étrangers de l'oreille.*

J'ai imaginé une canule plate parcourue par un fort ressort de montre. On introduit cette canule jusqu'au fond du conduit auditif et entre le corps étranger et les parois de ce conduit; on pousse ce ressort vers l'extrémité interne de la canule qui est ouverte : ce ressort s'échappe donc de la canule, se recourbe, et embrasse nécessairement, par derrière, le corps étranger. En tirant le tout en avant, canule et ressort, on extrait le corps étranger. Ce moyen est supérieur à celui de Fabrice de Hilden, aux injections forcées, qui peuvent nuire au tympan, à l'aspiration, au vide fait dans le conduit, moyens inutiles quand le corps est libre, insuffisant quand il est bien engagé dans le conduit.

§ 9. *Ligature de la langue.*

M. Mirault, d'Angers et M. J. Cloquet, ont conseillé de commencer cette opération par une ouverture au-dessus de l'os hyoïde. C'est par là que j'introduis une grosse aiguille montée sur un manche, et terminée en fer de lance, lequel est percé d'un œil que traverse un fil très fort. Voici la manœuvre :

La langue est saisie par sa pointe, et tirée le plus possible en avant : on enfonce l'aiguille au-dessus de l'os hyoïde. Plus le mal est avancé vers la base de la langue, plus la pointe de l'aiguille est portée en arrière. Après avoir traversé la langue de bas en haut, la lame paraît dans la bouche avec l'anse du fil qu'elle porte ; au cou, pendent les deux bouts; on les confie à un aide. Le chirurgien saisit le manche de l'aiguille avec la main gauche : au moyen d'une pince à disséquer tenue de la main droite, un fil est saisi dans la bouche ; il est tiré au dehors de cette cavité, et confié à un autre aide. Il n'y a donc plus qu'un fil au cou. Alors le chirurgien tire un peu l'aiguille vers cette région, comme s'il voulait la faire sortir; mais la pointe, une fois parvenue au-dessous de la langue, on la pousse de nouveau en haut, et en dehors; la lance paraît donc sur un côté, entre le pilier antérieur du voile du palais et un bord de la langue. Alors, avec les mêmes pinces à disséquer, on dégage le chas de l'aiguille du bout de fil qui pendait encore au cou. L'instrument étant libre, il est retiré tout-à-fait par le cou. Les deux bouts du fil, qui sont dans la bouche, sont liés ou passés dans un serre-nœud.

Si le cancer occupe toute la langue, on peut faire une double ligature qui étreindra les deux portions de la langue : alors on passera deux fils dans l'œil de la lance; un d'eux sera noir, l'autre blanc; quand on aura passé un fil d'un côté de la langue, sans retirer l'instrument, on passera le second fil de l'autre côté par le même procédé. Cette manœuvre est décrite avec beaucoup de détails dans le 4e volume de mon ouvrage.

§ 10. *Luxation de la première phalange du pouce.*

La réduction de cette luxation est extrêmement difficile. Aussi les procédés et les explications qu'ont fait naître ces difficultés sont-ils très nombreux. Dès 1825, je constatai ces difficultés en expérimentant les luxations dans les amphithéâtres de Marseille. Peu de temps après mon arrivée dans la capitale, un cas de luxation en arrière de la première phalange du pouce se présente à l'Hôtel-Dieu de Paris; elle était irréductible. Dupuytren fit une leçon à ce sujet et pour prouver que l'irréductibilité était produite par les ligamens latéraux, qui conservés, et devenus obliques, appliquaient avec force la phalange contre son métacarpien. Je saisis cette occasion pour faire connaître mon opinion. Je prouvai que l'irréductibilité était due à une boutonnière qui étranglait la tête du métacarpien, et se fermait toujours plus à mesure qu'on opérait des tractions sur la phalange

Cette boutonnière est formée, en dehors, par la portion externe du petit fléchisseur du pouce, et par le court adducteur; en dedans, par la portion interne du petit fléchisseur et par l'adducteur. Comme les têtes de ces muscles s'insèrent à l'extrémité supérieure de la première phalange, elles sont transportées, en arrière, avec cette phalange, et le renflement supérieur métacarpien se trouve pris entre ces muscles. Pour réduire, on avait tenté inutilement les tractions dans tous les sens et les inflexions les plus diverses : en désespoir de cause j'avais proposé la résection de la tête du métacarpien. M. Malgaigne pensa, avec raison, qu'il vaudrait mieux diviser la portion externe de la boutonnière. C'est dans le *Traité d'anatomie chirurgicale* de ce chirurgien que j'ai appris l'intention que M. Pailloux avait de donner comme neuve l'explication de la boutonnière. Je noterai donc avec soin que mes premières tentatives sont de 1825, que mon travail sur ce point est de 1828 (voy. *Lancette française* t. 11, pag. 750), tandis que la thèse de M. Pailloux est de 1829.

§ 11. *Oblitération de l'orifice du vagin pour le traitement de la fistule vésico-vaginale.*

Voici une conviction bien entière chez moi : *on n'a jamais guéri complétement une fistule produite par une perte de substance du bas-fond de la vessie et de la partie correspondante du vagin, perte de substance due à une mortification de ces parties.*

Considérant tous les *procédés directs* comme inutiles, j'ai conseillé un procédé indirect. Ainsi, au lieu de tenter l'avivement et la réunion des bords de la solution de continuité vésico-vaginale, je conseille d'aviver les bords de l'orifice vulvaire du vagin et leur réunion pour obliter ce conduit, et pour que sa paroi-postérieure serve de bas-fond à la vessie.

Les chirurgiens accusent toujours l'action délétère de l'urine qui vient compromettre les résultats des opérations les plus méthodiques : ce serait cette humeur qui, baignant continuellement la plaie, l'empêcherait de concevoir l'inflammation adhésive, sans laquelle il n'y a point de cicatrice possible. Il y a une réflexion bien simple à faire, et qui empêcherait d'accuser toujours l'influence délétère de l'urine : on devrait réfléchir à ce qui se passe à la suite de la taille vésicale. Dans cette méthode, une plaie est faite au corps de la vessie ; cette plaie est continuellement baignée par l'urine : d'où vient qu'elle se réunit sous cette influence maligne ? C'est parce que la vessie qui *vient d'être ouverte* est dans des conditions différentes que celle qui est *ouverte depuis très long-temps*. En effet, quand nous sommes appelés pour faire une opération de fistule vésico-vaginale, la vessie a cessé depuis long-temps de remplir ses fonctions ; ne retenant plus l'urine, elle revient sur elle-même, au point de ne plus constituer un *réservoir*, une *cavité*, c'est une simple surface sur laquelle passe l'urine sans s'arrêter. Plus la fistule est large et ancienne, plus la vessie est effacée.

Voici ce qui arrive après une suture faite à la solution de continuité d'une vessie qui se trouve dans un pareil état : dès que l'urine tend à s'accumuler, elle presse sur toutes les parois de la vessie ; partout elle trouve une résistance proportionnée à l'ancienneté de la maladie ; mais là où était la solution de continuité, là la résistance est moindre, car elle est formée par un tissu qui se déchire facilement, comme celui de toutes les cicatrices récentes ; la fistule se reproduit donc. Supposez maintenant que la cicatrice soit assez forte pour résister : comme la vessie ne peut se dilater, elle ne peut contenir qu'une très petite quantité d'urine, et à chaque instant la malade est obligée d'uriner, ou bien il y a incontinence par regorgement. Je ne fais pas là une hypothèse, je cite un fait dont voici les détails :

Une femme encore jeune avait une fistule vésico-vaginale qui avait déjà été opérée sans succès par plusieurs méthodes et dans divers hôpitaux. L'urine qui baignait continuellement les grandes et les petites lèvres fit naître sur ces parties une éruption qui, considérée comme vénérienne, fit recevoir cette femme, en 1832, à l'hôpital du Midi. Je dirigeais alors le service des femmes vénériennes, qui sont maintenant à Saint-Lazare. Ayant reconnu la fistule, sa position, son étendue (l'index pouvait la traverser), je voulus la guérir par la suture, et j'avais pris la résolution d'employer un procédé analogue à celui de Malagodi. J'avais réuni quelques confrères, parmi lesquels se trouvait mon prédécesseur à l'hôpital du Midi, M. Cullerier, et tout était prêt pour l'opération. Il nous fallait une grande immobilité de la part de la malade; elle nous l'avait promise, mais elle ne tint pas parole : elle se livra, au contraire, à tant de mouvemens, qu'il me fut impossible de saisir les bords de la solution de continuité pour les rafraîchir. Voulant cependant ne pas laisser aller la malade sans lui faire quelque chose (ces mots m'obligent de répéter que c'est en 1832 que cette opération a été faite; il y a donc douze ans), je plaçai au bout d'une pince à pansement un crayon de nitrate d'argent, qui, avec la pince, formait une croix. J'introduisis cet instrument dans le vagin pour cautériser fortement les lèvres de la solution de continuité; mais, en même temps que la paroi antérieure du vagin était en rapport avec un bout du crayon, la paroi opposée était cautérisée par l'autre bout. Une grande partie de ce crayon fut fondue, de sorte que le vagin fut fortement brûlé. Le lendemain survint un gonflement énorme de ce canal; sa paroi postérieure fut fortement appliquée contre l'antérieure, et l'ouverture que celle-ci présentait fut ainsi oblitérée. A mon grand étonnement, l'urine coula par l'urèthre; mais les envies d'uriner étaient très fréquentes, absolument comme chez les personnes qui ont un gros calcul dans la vessie. Cet état dura près de quinze jours. Je voulus alors savoir ce qui s'était passé du côté du vagin. Je plaçai donc la femme comme si j'allais l'opérer, et fis pénétrer un peu l'index dans le vagin : à l'instant, je vis sortir une petite quantité de sang, puis de l'urine. Il était certain que je venais de détruire des adhérences qui existaient entre la paroi postérieure et la paroi antérieure du vagin, adhérences qui maintenaient des rapports de nature à pouvoir empêcher l'urine de couler. J'avais reproduit la fistule. Cette femme ne voulut plus se soumettre à une nouvelle opération.

Je fis part de ce fait à la *Société médicale d'émulation*, dont j'étais alors membre assidu, et le *Journal hebdomadaire* répéta une partie de ma communication. Je vis tout de suite le parti qu'il y avait à tirer de ce fait. Je soumis mes réflexions à plusieurs chirurgiens ; mais, ce qui me préoccupa le plus, ce fut la circonstance de l'évacuation si fréquente des urines par l'urèthre, et l'impossibilité dans laquelle la vessie était de retenir cette humeur. Je vis alors qu'elle manquait de capacité, et je résolus de l'agrandir aux dépens du vagin. Je pris le parti de faire de la paroi postérieure du vagin le bas-fond de la vessie ; pour cela, il fallait oblitérer le vagin. Voici comment j'y procédai.

C'était en 1832. La femme avait trente-cinq ans; elle était fortement constituée. La fistule était assez grande pour permettre l'introduction de plusieurs doigts. J'avivai, avec le bistouri, l'orifice du vagin, et j'y plaçai trois points de suture simple à l'aide d'aiguilles particulières qui facilitent beaucoup cette opération. Ces aiguilles sont fortes, longues de 54 millimètres, portées sur un petit manche, et terminées en fer de lance. Le chas, percé sur cette extrémité, est assez grand pour permettre d'y passer aisément une anse double de fil ciré. Les deux aiguilles étant garnies de leur anse de fil, je traversai les bords de l'orifice vulvaire du vagin, jusqu'à ce que le chas parût entre les deux lèvres de la plaie. Je dégageai alors avec des pinces l'anse de fil, que je confiai à un aide. Après avoir retiré l'aiguille, je procédai de la même manière de l'autre côté : il y eut alors deux anses de fil entre les deux lèvres. Je passai l'anse gauche dans la droite, et celle-ci servit de conducteur pour faire traverser la lèvre droite au fil du côté gauche, lequel se trouva alors avoir traversé les deux lèvres de la plaie. Le fil droit fut retiré, car il était inutile. Je plaçai de la même manière deux autres fils, et mis sur chaque côté de l'orifice du vagin deux morceaux de bougie pour faire la suture emplumée.

Le lendemain la malade put uriner par l'urèthre. Trois jours après, elle put faire jaillir l'urine toujours par l'urèthre, et pendant près d'un mois il ne s'écoula pas une goutte d'urine par le vagin. Les règles survinrent et furent chassées au dehors, toujours par l'urèthre. Mais un jour que les urines avaient de la difficulté à sortir, mon élève, voulant introduire une algalie dans l'urèthre, la porta sur la cicatrice, qui fut ainsi déchirée (1). A l'instant du sang sortit, et les urines s'échappèrent par le vagin. La cicatrice n'était pas assez forte pour soutenir l'action mal dirigée de la sonde, mais elle l'était déjà assez pour contenir les lèvres de la plaie.

M. Auguste Bérard a vu cette femme. Ce n'est là qu'un demi-succès, mais qui sert à prouver : 1° que les règles peuvent passer par l'urèthre ; 2° que l'urine peut être chassée par cette nouvelle vessie, et qu'elles peuvent *jaillir ;* 3° que ces urines n'entrent pas dans la matrice pour passer par les trompes et aller inonder le péritoine (mes expériences sur les injections intra-utérines prouvent d'ailleurs combien il est difficile de faire passer du liquide dans les trompes) ; 4° la cicatrice s'est assez maintenue pour me faire penser que des dépôts calcaires ne se feraient pas facilement dans cette nouvelle vessie. Quant au reproche d'imperfection qui est adressé à ce nouvel organe, j'avoue qu'il est mérité ; il est si bien mérité, si bien reconnu, qu'on pouvait s'épargner la peine de le faire. Je n'ai jamais prétendu

(1) Cet élève est aujourd'hui praticien à Paris.

établir de toutes pièces une vessie aussi parfaite que celle qui existait avant la fistule.

La difficulté de fermer l'orifice du vagin est réelle; l'im possibilité est une assertion. L'argument qui consiste à dire que je prive la femme de son plus bel attribut, que je lui enlève son sexe, qu'elle ne pourra plus être fécondée, cet argument est un de ceux que je ne réfute pas.

§ 12. *Taille en plusieurs temps.*

Il a été déjà question des principes sur lesquels reposent les opérations en deux temps. J'en ai surtout fait une application à l'opération de la taille.

Selon moi, l'infiltration urineuse est le plus redoutable des accidens qui surviennent après l'opération de la taille sus-pubienne. C'est sans contredit celui qui fait le plus de victimes. Après une plaie du corps de la vessie, l'urine se trouve, à l'instant, en contact avec un tissu cellulaire, mince, lâche, enfin très infiltrable. Or, si la nature ne réagit pas avec force, s'il ne se forme promptement une espèce d'escharre protectrice, l'infiltration a lieu, et la mort est presque inévitable. Pour éviter cet accident, il faudrait rendre ce même tissu cellulaire plus dense, moins perméable, et cela avant de faire couler l'urine. Eh bien! on obtiendrait ce résultat, si on faisait la taille en plusieurs temps, si on divisait d'abord la peau, les tissus sous-jacens jusqu'à la vessie, et si on n'attaquait cet organe qu'après la réaction organique qui change les conditions physiques et vitales du tissu qui l'entoure; viendrait ensuite l'extraction des calculs. Le premier temps, chez certains sujets, et dans quelques cas, pourrait être exécuté avec le caustique. Dans le plus grand nombre des cas, le bistouri est préférable. M. Monod, qui a opéré par ce procédé, a réussi.

§ 13. *Taille quadrilatérale.*

L'infiltration urineuse dans le tissu cellulaire du bassin peut avoir lieu après une taille périnéale, comme après la taille hypogastrique, si, en incisant la prostate, on dépasse les limites de la base de cette glande. C'est pour respecter ses limites, et donner en même temps issue facile à un calcul volumineux, que j'ai appliqué le *débridement multiple* à l'opération de la taille. J'ai proposé cette méthode dans ma thèse inaugurale (28 août 1828), et mes premiers essais datent de 1825. Je crois que l'école de Lecat, qui incisait peu la prostate et la déchirait beaucoup, que celle de Cheselden, qui ne la déchirait pas, mais qui la débridait beaucoup; je crois que ces deux écoles étaient mauvaises, mais différemment. Celle de Lecat avait raison quand elle n'avait à faire qu'à un petit calcul : alors la petite incision suffisait, et le débridement n'avait pas besoin d'être complété par une déchirure. Selon moi, le volume de la pierre ne doit pas commander une augmentation dans l'*étendue*, mais une augmentation dans le *nombre* des incisions; car l'étendue doit être toujours à-peu-près la même. Ainsi, pour les petites pierres, une seule petite incision (taille unilatérale); pour les moyennes, deux petites incisions (taille bilatérale); pour les grosses, quatre petites incisions (taille quadrilatérale).

Je dois dire ici que, pour moi, l'incision extérieure a très peu d'importance : parallèle, oblique, perpendiculère, droite, courbe, peu importe; l'important est de ne pas la faire trop petite. Ainsi plusieurs *petites incisions intérieures, une seule grande incision extérieure*, voilà en peu de mots mes principes. Les deux premières incisions de la prostate sont faites sur les deux rayons obliques inférieurs de cette glande : quand la pierre est de moyenne grosseur, ces deux incisions suffisent ; mais avec une pierre très volumineuse, si on ne fait que deux incisions, elles se réunissent en une seule dont les bords, les angles, sont tiraillés et déchirés quand l'opérateur fait des efforts pour extraire le calcul, malgré la résistance que lui oppose la base de la prostate. C'est alors qu'il faut introduire dans le fond de la plaie l'index gauche, sur lequel est couché à plat un long bistouri boutonné, dont le tranchant est dirigé en haut en dehors et à gauche (rayon oblique supérieur gauche de la prostate) ; puis en dehors, en haut et à droite (rayon oblique supérieur droit). Quand on ne veut pas lâcher la pierre, on confie la tenette à un aide, et cet instrument guide le bistouri, qui va faire les deux dernières incisions. Au lieu de prolonger vers la peau les deux incisions supérieures, comme on le fait pour les incisions inférieures, qu'on confond avec la plaie du périnée, on les borne à la prostate. De cette manière, la taille est *quadrilatérale en dedans*; mais extérieurement, elle n'est que *bilatérale*. La résistance à la sortie du calcul est surtout très prononcée au col vésical : c'est donc là que le nombre des incisions doit être en rapport avec le volume du calcul ; c'est là surtout qu'on doit craindre d'étendre les incisions. Une fois que le calcul a franchi la prostate, il trouve des tissus qui lui cèdent facilement ; aussi les deux débridemens inférieurs qui viennent se confondre avec l'incision en croissant donnent une suffisante liberté au calcul pour franchir le périnée. Ce n'est pas pour *sortir* du périnée que le calcul éprouve des difficultés sérieuses, c'est pour y entrer, c'est-à-dire, pour passer de la vessie dans la partie du périnée qui correspond à la portion membraneuse de l'urèthre.

La *taille quadrilatérale* fut bientôt comprise par les bons esprits; mais comme elle n'avait que l'analogie pour elle, et que je ne pouvais invoquer des faits en sa faveur, puisque je ne l'avais pas pratiquée sur le vivant, son introduction dans la pratique se fit lentement.

D'abord M. Velpeau, puis M. Guersant fils, en firent les premiers essais à Paris; dans les départemens, MM. Goyrand, d'Aix, Rolland, de Toulouse, et J. Roux-Martin, chirurgien de la marine, proclamèrent les avantages de cette opération, et l'appliquèrent avec un rare talent. M. Rolland écrivit même dans le *Journal de médecine et de chirurgie de Toulouse* (août 1837), un mémoire remarquable *sur les avantages de la multiplicité des incisions de la prostate dans l'opération de la taille.* Ce travail, fait par un chirurgien qui ne me connaissait que par mon nom, qu'il avait pu lire sur la thèse d'un élève, ce travail, basé sur des faits et sur des vues éminemment philosophiques, est la plus éclatante confirmation de l'excellence du principe des débridemens multiples. M. Rolland l'a invoqué comme complément des tailles prostatiques qui avaient été insuffisantes pour extraire des calculs volumineux. C'était parfaitement comprendre mon intention qui est toujours de chercher à compléter, et non de rejeter les procédés qui ont été sanctionnés par l'expérience. Je pense, en effet, que l'esprit d'exclusion est contraire à l'esprit pratique. Je ne puis transcrire ici le mémoire de M. Rolland, mais je dois citer deux faits qu'il renferme, parce que ce sont deux beaux succès.

1° *Un imprimeur de* 69 *ans, deux calculs pesant ensem-*

ble 4 *onces* 5 *gros; le plus volumineux a* 66 *lignes de périmètre.* « Convaincu d'avance que la pierre était fort volumineuse, dit M. Rolland, j'incisai la prostate sur deux côtés (selon la méthode Senn); les tenettes introduites dans la vessie, la pierre fut chargée avec quelque difficulté. Eprouvant trop de résistance de la part des parties molles, malgré les deux incisions que j'avais faites, j'en pratiquai une troisième en haut et à droite; les tentatives d'extraction renouvelées, je sentis que la pierre s'engageait, et après des efforts violens, mais ménagés, afin de dilater les parties et éviter leur déchirement, j'emmenai une pierre qui, mesurée plus tard, donna 66 lignes de périmètre. » La seconde pierre fut extraite sans efforts. En 31 jours la guérison a été complète. On notera bien que le malade avait 69 ans. M. Rolland n'avait fait que trois débridemens; il a éprouvé des résistances qui ont nécessité des efforts d'extraction; on va voir qu'en complétant la taille multiple, en la rendant quadrilatérale, M. Rolland fera plus facilement l'extraction d'un calcul beaucoup plus volumineux.

2° *Un homme de* 84 *ans, calcul ovoïde pesant* 6 *onces,* 68 *lignes de périmètre dans sa plus petite circonférence.* Cette opération fut pratiquée le 5 juillet 1834, à Montauban, en présence de MM. les docteurs Renaud et Delcassé. « Parvenu dans la vessie par le procédé opératoire tel que je l'ai indiqué (celui de Senn), je chargeai une pierre plus volumineuse que je ne l'avais jugée. Après avoir long-temps essayé, mais en vain, de l'extraire, je me décidai à inciser la prostate en haut, sur les deux côtés, dans une direction oblique, et rendis ainsi la taille quadrilatérale. Cette fois les tentatives d'extraction furent plus heureuses, et le calcul fut plus facilement extrait; le malade se rétablit avec assez de rapidité » (*loc. cit.*). Je rappellerai ici l'âge de ce malade et le grand volume de la pierre. Ces faits n'ont pas besoin de commentaire.

Voici dans quelle circonstance M. J. Roux-Martin, qui appartient à l'élite des chirurgiens de nos ports de guerre, a fait une application de mes principes. Le sujet avait une vessie en mauvais état; une seule incision avait été faite à la prostate. Le calcul fut saisi avec la plus grande peine par un diamètre de deux pouces. M. Roux-Martin ne voulut pas le lâcher, et comme son extraction offrait de grandes difficultés, il conduisit dans le fond de la plaie un bistouri qui fit deux incisions de plus, l'une selon le rayon oblique supérieur droit, l'autre selon le rayon supérieur gauche. M. Velpeau avait déjà suivi cette conduite.

§ 14. *Débridement multiple appliqué à l'opération de la hernie étranglée.*

On remarquera que presque tous les auteurs qui ont étudié avec soin la partie de la médecine opératoire qui se rapporte au traitement de la hernie étranglée ont un procédé de débridement différent, qu'ils considèrent comme le meilleur, le plus sûr; les autres procédés seraient dangereux, exposeraient à l'hémorrhagie. Cependant les faits cliniques, les dissections, démontrent que tous ces procédés sont applicables, mais jusqu'à un certain point, c'est-à-dire, que *le débridement, de quelque côté qu'on le dirige, s'il est peu étendu, n'atteindra pas les artères en rapport avec les ouvertures par lesquelles les viscères de l'abdomen s'échappent.* Par exemple, l'artère épigastrique, qu'elle soit en dedans ou en dehors du sac herniaire, sera toujours à une distance telle de l'anneau inguinal, qu'un léger débridement dans le sens même où se trouve le vaisseau, pourra être sans danger. Cette artère, par une anomalie, donne l'artère obturatrice à une grande hauteur : cette branche peut passer au-dessus de l'anneau; cependant vous pourrez toujours débrider directement en haut, selon la méthode d'Autenrieth, suivie par la plupart des praticiens; mais vous ne pourrez pas prolonger ce débridement sans danger. Il en est de même pour la hernie crurale. En effet, en dehors, l'artère épigastrique; en haut, l'artère du cordon testiculaire; en dedans, l'artère obturatrice (quand elle naît de l'épigastrique), voilà des écueils à éviter, et qui vous feraient échouer, quel que soit le procédé mis en usage, *si vous vous borniez à une seule incision, et si vous la prolongiez.*

Maintenant, comme il est constant que, dans certains cas, l'élargissement des anneaux aponévrotiques doit être assez considérable pour faire rentrer des hernies volumineuses, afin de ne pas trop malaxer les organes déplacés, on doit en venir à une méthode qui se présente naturellement à l'esprit de tout chirurgien. Cette méthode n'est qu'une combinaison de tous les procédés de débridement. Percy a dit que l'ouverture fibreuse qui étrangle des organes échappés de leur cavité ressemble à celle d'un sac avec l'ourlet. Eh bien! supposez qu'on vous ordonne de faire entrer dans ce sac des corps qui sont trop volumineux pour son ouverture, vous serez naturellement porté à faire une incision à l'ourlet; mais si on vous oblige de ne pas dépasser cette bordure, et de produire un élargissement assez considérable, quel parti prendrez-vous? Vous pratiquerez d'autres incisions dans ce sens, et vous ferez entrer et sortir du sac des corps qui n'étaient pas en rapport avec son orifice avant les coupures.

Ainsi, débridons en dehors, en dedans, en haut, touchons tous les points du cercle, mais n'en sortons pas.

§ 15. *Résections des os.*

Les résections nécessitent un ou deux traits de scie, ou l'action de tout autre instrument destiné à diviser les os. Il arrive qu'on enlève un os en totalité, on le désarticule : il n'y a alors que des parties molles à diviser. Quelquefois on scie l'os sur un point, et on désarticule une de ses extrémités. L'accident opère, dans certains cas, la solution de continuité de l'os ; c'est quand il y a fracture. Si on fait la résection d'une portion d'os sans toucher à ses extrémités articulaires c'est la résection dans la continuité. Si on désarticule l'os après l'avoir scié, c'est la résection dans la *contiguïté*. Dans tous les cas, pour qu'un os soit convenablement enlevé, en totalité ou en partie, il faut qu'il soit *bien saisi et solidement fixé*. Mais, pour cela, l'os doit offrir assez *de prise*. C'est précisément ce qui a rarement lieu dans les cas de résection, et c'est pour que cette prise existe, que je veux faire du tire-fond une espèce d'ajoutage de l'os. Des exemples vont faire comprendre mon procédé, et juger de son utilité. Je commencerai par montrer combien il eût été applicable à un cas de résection qui a acquis une certaine célébrité. On verra si le tire-fond peut lever des difficultés.

M. le docteur Seutin, chirurgien distingué de l'armée belge, fit la résection de l'extrémité supérieure du fémur pour une fracture comminutive produite par un coup de fusil de rempart que reçut un nommé Lisieux, au siége d'Anvers. Il est dit dans l'observation (1) : « qu'il y avait fracture en éclats du col du fémur et du grand trochanter.... » M. Seutin préféra la résection à la désarticulation de la cuisse. « Il fit une incision depuis la crête iliaque jusqu'à trois pouces au-dessus (2) du grand trochanter, porta le membre dans l'adduction et pénétra au fond de la plaie, dont il enleva tous les fragmens détachés. Il y en avait quinze de formes, de volumes différens. Il fit saillir le fragment inférieur du fémur à travers la plaie, et le réséqua immédiatement au-dessous du dernier éclat de l'os. *La tête du fémur était brisée justement au niveau du bord de la cavité cotyloïde ; il ne passait aucune saillie de cette tête, en dehors de la cavité, de telle sorte qu'il n'y avait aucune prise sur elle ; aussi son extraction fut-elle longue et difficile* (3).

Eh bien ! ici c'était le cas d'enfoncer le tire-fond dans la tête du fémur; ensuite, en tirant à soi, on l'aurait dégagée de la cavité qui la contenait ; on tendait ainsi le ligament interarticulaire, qui eût été facilement coupé, et cette extraction n'eût été *ni longue ni difficile*. Je m'étonne même qu'elle ait été possible ; car il est dit dans l'observation que la tête de l'os était brisée justement au *niveau* du col et n'offrait aucune *prise* ; comment donc a-t-on pu la prendre ? On sait combien cette tête est coiffée par la cavité cotyloïde et son rebord fibreux : c'est au point que, pour la désarticulation de la cuisse, Græfe avait proposé d'inciser ce bourrelet

(1) Voyez *Gaz. Méd.*, année 1833, n. 26, page 165.

(2) Je pense qu'il y a ici une faute d'impression, et qu'il faut lire *au-dessous*.

(3) Je cite textuellement l'observation de la *Gazette*.

fibreux pour faire sortir la tête du fémur; et cependant, dans la désarticulation du fémur, on sait quel énorme levier on possède pour agir sur cette tête et la faire sortir.

Quand on a à réséquer des extrémités articulaires pour des caries ou des lésions profondes des os, on enlève le moins possible de ces extrémités, parce que moins il y a de perte de substance osseuse, moins il y a de difformité, et plus on se crée de chances pour le rétablissement des fonctions du membre opéré. Mais alors les fragmens à enlever *ont peu de prise*, et ni les pinces, ni les érignes, ni les doigts ne peuvent suffisamment saisir et fixer ces fragmens; leur ablation n'est donc ni sûre ni prompte. Voyez ce qui passe dans la résection du poignet : on attaque d'abord le cubitus; après l'avoir scié un peu au-dessus de son extrémité inférieure, il faut le désarticuler, le séparer du radius et de la main : si on le saisit avec les doigts ou des pinces, il glissera et s'échappera comme un noyau de cerise qu'on presserait avec ces mêmes doigts; tandis qu'en enfonçant un petit tire-fond dans la direction du canal médullaire, vous possédez on ne peut mieux ce petit fragment osseux : vous attaquez d'abord son articulation du côté interne, puis vous faites tourner l'os sur son axe, et vous offrez au tranchant du bistouri le reste des liens qui fixent encore le cubitus aux parties environnantes, On doit, le plus possible, tourner dans le sens qui fait marcher le pas de vis dans la profondeur de l'os saisi; autrement on dégagerait le tire-fond, et l'os s'échapperait.

On conçoit que la possibilité de présenter à la plaie les diverses parties de la capsule ou des autres liens articulaires (en faisant tourner l'os sur son axe), dispensera souvent le chirurgien de multiplier, d'agrandir les incisions pour découvrir l'articulation, ce qui évitera plus d'une fois la lésion d'organes importans, toutes circonstances défavorables au succès.

Ce que j'ai dit de la résection de l'extrémité inférieure du cubitus, je pourrais le dire de la résection de l'extrémité antérieure du premier métatarsien. Ici, après le trait de scie qui a divisé l'os, rien n'est plus facile que d'enfoncer dans son canal médullaire le tire-fond et de détacher la tête du métatarsien de la première phalange du gros orteil.

J'ai appliqué la première fois mon procédé à la résection des os du coude. Après avoir scié l'humérus un peu au-dessus de ses condyles, j'ai fait pénétrer le tire-fond dans le canal médullaire. Ayant ainsi augmenté le bras du levier si court, représenté par le fragment de l'humérus à enlever, j'ai pu facilement le faire basculer et le dénuder d'abord par sa face antérieure. J'ai coupé d'abord le ligament antérieur de l'articulation, ou, si on veut, la partie antérieure de la capsule; l'article ainsi ouvert, il m'a été facile d'aller aux ligamens latéraux, et de terminer par les attaches de l'olécrâne.

Jusqu'ici il n'a été question que de l'emploi du tire-fond pour aider la désarticulation d'un os déjà scié sur un point de sa diaphyse. Cet instrument a été utile en fixant l'os, en tendant les liens articulaires à diviser, et en les offrant convenablement au tranchant du bistouri. Je vais faire servir maintenant le tire-fond à la section des os. Je supposerai : 1° les cas de résection dont le premier temps consiste à désarticuler l'os, le second à le scier; 2° des cas de fractures compliquées avec issue des fragmens osseux.

Dans les premiers cas, on scie l'extrémité articulaire qu'on a luxée après des incisions convenablement faites aux parties qui entourent l'articulation. Dans les seconds cas, on abat les extrémités des fragmens osseux sortant par la plaie qui complique la fracture. Dans tous les cas, pour que la scie agisse convenablement et rapidement, il faut que l'os soit solidement fixé : il doit l'être comme s'il s'agissait d'une amputation, c'est-à-dire au-dessus et au-dessous du point où agira la scie ; sans cela l'os vacillera, la voie de la scie s'établira difficilement, et l'instrument sera souvent arrêté ; il y aura un ébranlement dans le membre qui pourra devenir funeste.

Je suppose une résection de la tête de l'humérus : le premier temps est opéré, la tête est sortie de sa cavité ; un trait de scie sur son col doit l'abattre. Eh bien ! si en même temps que l'humérus est fixé par l'opérateur, qui saisit le corps de cet os, un aide implante un tire-fond sur la tête articulaire, l'os est fixé sur deux points, entre lesquels la scie agit avec une sûreté et une rapidité surprenantes ; tandis que si une de ces conditions manque, l'os n'est fixé que sur un point, la tête est libre, il y a vacillation, ébranlement du membre, lenteur, difficulté dans ce temps de l'opération.

Si on opère la résection du genou, après avoir dénudé les condyles du fémur, on enfonce le tire-fond dans la rainure qui les sépare.

Je ne pense pas qu'on objecte la difficulté d'introduire le tire-fond dans une extrémité articulaire, car la couche compacte de cette partie de l'os est très mince, et l'instrument est bientôt parvenu dans le tissu spongieux, qu'il traverse très facilement. On dira peut-être qu'il ne peut être appliqué sur des os malades. Mais dans le plus grand nombre des cas, c'est après le premier trait de scie qu'il est enfoncé, et on ne doit scier que sur les parties saines. Quand on commence par la désarticulation, il est vrai que la tête de l'os est malade; mais alors on enfonce un peu plus le tire-fond qui peut ainsi indiquer jusqu'où va le mal; il devient alors un moyen de diagnostic. Je ferai remarquer que les tire-fonds ordinaires sont trop coniques; je veux dire que le cône se prononce trop brusquement. Je préférerais, pour cet usage, un tire-fond qui se rapprocherait davantage de la vrille; je le voudrais moins conique et avec l'arête plus prononcée. De cette manière, il ne lâcherait pas prise comme cela peut arriver aux tire-fonds qu'on trouve dans les boîtes à trépan.

Dans les cas de résection des fragmens de fracture sortis par une plaie, le tire-fond est parfaitement applicable. C'est dans le canal médullaire qu'il faut l'enfoncer. On comprend que les diamètres du tire-fond devront être en rapport avec ceux du canal osseux, et qu'ici il en faut un plus volumineux que celui destiné à être enfoncé dans les têtes articulaires. On pourrait peut-être saisir le fragment osseux et le fixer avec un cylindre creux en métal, traversé par une vis de pression, comme les instrumens dont on se sert sur nos tables pour saisir les gigots. Peu importe le moyen, le but est de faire à l'os un ajoutage, de le prolonger, pour qu'il puisse être solidement fixé sur deux points entre lesquels la scie doit agir.

Je reviens au cas de M. Seutin, et je dis que ce chirurgien aurait plus facilement abattu le grand trochanter, s'il eût pu le fixer sur son sommet après avoir fixé le corps de l'os. C'est surtout dans des cas ayant la gravité de celui qui s'est présenté à l'habile chirurgien belge, que l'utilité du moyen que je propose se fait remarquer; car ici le délabrement est énorme, les souffrances sont cruelles, tout tâtonnement, tout ébranlement est une cause d'insuccès. Je ne crains pas d'avancer qu'avec un tire-fond M. Seutin eût abrégé de moitié son opération. Il en conviendra lui-même, s'il veut tenter quelques-uns des essais que j'ai si souvent répétés avant de rédiger cet article. Il est facile de concevoir tout ce que peut ajouter aux chances heureuses d'une pareille opération, moitié moins de durée et moitié moins de douleurs.

Il est des résections qui exigent presque d'une manière impérieuse l'emploi du tire-fond : ainsi celles des os du tarse. Si, par exemple, on avait à enlever le cuboïde, comment pourrait-on le saisir d'une manière convenable? comment diviserait-on méthodiquement les liens articulaires sans tire-fond?

§ 16. *Cure radicale du varicocèle par l'écoulement des veines du codon spermatique.*

Je pense que la récidive après les opérations ordinaires du varicocèle sont dues au rétablissement trop prompt dans les veines du cordon, et au prolapsus du testicule qui persiste.

J'ai donc conçu et exécuté le projet, non-seulement d'oblitérer, de diviser les veines du cordon spermatique à plusieurs hauteurs différentes, mais encore de raccourcir le cordon spermatique pour produire une véritable ascension du testicule, et cela par une opération bien simple, par une seule ligature. Pour remplir cette double indication, j'enroule les veines du cordon autour de deux fils d'argent, comme le câble est enroulé sur cette pièce de bois qu'on appelle cabestan.

Le premier temps consiste à passer un fil d'argent derrière

les veines du cordon spermatique. Pour cela une aiguille lancéolée est armée d'un fil d'argent un peu moins fort que le stylet aiguillé de nos trousses : ce fil est vissé sur un bout de l'aiguille taraudée dans le sens de son axe. L'un et l'autre traversent les bourses guidés par le pouce et l'index qui ont préalablement opéré une séparation entre les veines et le canal déférent. Celui-ci a été porté en arrière, les veines sont poussées en avant dans un pli de la peau.

Le second temps consiste à passer, avec une même aiguille, un autre fil d'argent en avant des veines, afin que ces vaisseaux soient entre deux fils. Pour cela, l'index et le pouce, qui étaient en arrière des veines, sont portés en avant d'elles, et pincent la peau dans ce sens pour y ramener les deux ouvertures par où sortent les deux bouts du fil d'argent déjà placé. En pliant un peu ce fil, qui décrit alors un arc à convexité postérieure, on peut rapprocher beaucoup les deux ouvertures. De cette manière, on raccourcit et on redresse singulièrement le trajet que le second fil a à parcourir. C'est donc par la même ouverture d'entrée et par la même ouverture de sortie qu'on introduit et qu'on retire le second fil. Le fil qui est antérieur aux vaisseaux, une fois placé, on redresse le plus possible le fil postérieur ; l'antérieur alors se courbe un peu. Les veines sont donc entre les deux fils qui ont encore leurs extrémités libres.

Ici commence le troisième temps : il consiste à tordre les extrémités des fils. D'abord la torsion n'agit que sur eux. Les fils forment alors une anse qui contient les veines ; cette anse va toujours en se resserrant. Ce premier mouvement de torsion réduit le plexus veineux à l'état de véritable cordon. Mais en continuant la torsion, les deux fils se resserrent toujours plus, et tendent à former aussi un cordon ayant une certaine résistance. En tournant sur son axe, ce cordon métallique doit entraîner, dans son mouvement de rotation, les parties comprises entre les deux fils qui le composent. C'est ainsi que les veines avec la gaîne fibro-celluleuse s'enroulent sur ce double fil métallique, comme la corde s'enroule sur un cabestan. Or, ces veines ont un point fixe du côté de l'abdomen qui ne cède pas, tandis que l'extrémité inférieure de ces vaisseaux fait corps avec le testicule qui peut être mobilisé et déplacé. Cet organe est donc porté vers le point fixe, en haut vers l'abdomen. Plus on fait de tours, plus le testicule est hissé. La laxité du tissu cellulaire des bourses favorise singulièrement ce mouvement d'ascension du testicule Il s'est formé une espèce de peloton dont la bobine est représentée par un cordon en argent. Les deux bouts de ce cordon sont réunis en avant. On place alors un petit globe de bande sur la peau qui est entre l'entrée et la sortie du cordon métallique, dont les deux bouts sont fixés sur ce tampon par une nouvelle torsion. Puis on passe sous ce cordon une sonde cannelée, à laquelle on imprime le même mouvement qui fait tourner le compresseur des artères, appelé garrot.

Il y a donc : 1° enroulement des veines sur les fils d'argent; 2° compression de ces veines qui sont entre les fils et devant les fils; 3° puis section de ces vaisseaux à divers degrés de hauteur autant de degrés qu'il y a de tours. On fera bien de laisser les fils couper la peau, car les veines superficielles qui n'appartiennent pas au cordon, et qui rampent entre lui et la peau, seront ainsi comprimées, puis divisées : ce qui est une nouvelle chance contre la récidive. D'ailleurs les principales veines du cordon, en s'enroulant sur les fils, entraînent avec elles une foule de tissus, surtout de petites veines qui échappent à une ligature ordinaire. Ainsi tandis que les ligatures sous-cutanées ordinaires ne divisent que les veines principales du cordon et laissent les deux bouts des vaisseaux en rapport et abouchés entre eux, ma ligature, avec enroulement préalable, ramasse et les veines principales du cordon avec leurs gaînes, et les veines qui l'unissent aux diverses enveloppes des bourses, et les veines immédiatement sous-cutanées, celles mêmes qui semblent sillonner le tissu même de la peau ; car j'ai soin, quand le varicocèle est ancien, quand il y a des veines superficielles variqueuses, de comprendre ces veines dans le pont de peau qui doit être divisé. De plus, tous les rapports des vaisseaux sont changés, et on se met à l'abri du rétablissement de la circulation par abouchement des bouts de ces mêmes vaisseaux.

FIN.

www.ingramcontent.com/pod-product-compliance
Lightning Source LLC
LaVergne TN
LVHW020257230826
846091LV00006B/2464
9782011344182